Henri TRIDON

L'Anti Militarisme

Ses origines et ses conséquences

Le Pacifisme révolutionnaire

Le rôle de la Confédération générale du Travail

Le Pacifisme révolutionnaire à l'Ecole

Les complicités

Coup d'œil à l'Étranger

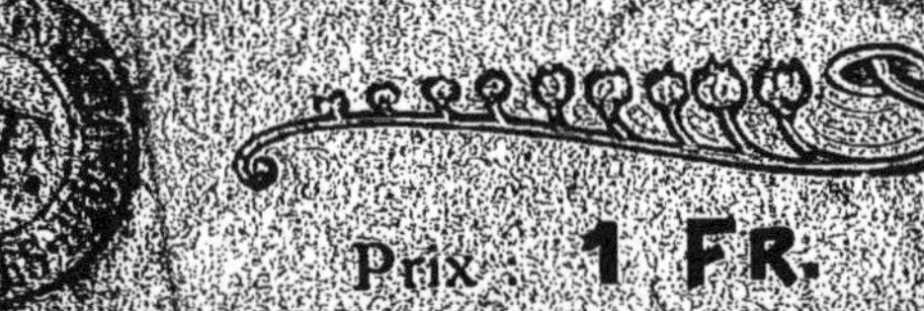

Prix : 1 FR.

TUNIS

IMPRIMERIE MODERNE (J. ORLIAC), 12 et 14, rue d'Autriche

1906

Prix : **1 Fr.**

Henri TRIDON

L'Anti Militarisme

Ses origines et ses conséquences

Le Pacifisme révolutionnaire

Le rôle de la Confédération générale du Travail

Le Pacifisme révolutionnaire à l'Ecole

Les complicités

Coup d'œil à l'Étranger

TUNIS

IMPRIMERIE MODERNE (J. ORLIAC), 12 et 14, rue d'Autriche

1906

Au Lecteur,

Le petit travail qu'on va lire a paru en articles dans la Tunisie Française *des 22, 25, 26, 29 septembre, 3 et 6 octobre derniers. Depuis cette époque, d'autres évènements graves se sont produits, notamment le scandale causé au Trocadéro par M. Hervé et ses amis, le dimanche 30 septembre, au cours d'une fête offerte aux conscrits du 3e arrondissement de Paris; des congrès partiels de fédérations socialistes ou corporatives, le Congrès d'Amiens par exemple, préparatoires au grand Congrès de Limoges, se sont nettement prononcés en faveur de l'agitation antimilitariste; la crise du patriotisme est donc, on le voit, loin de se calmer.*

Le but avoué des partis extrêmes est de supprimer notre Armée Nationale et de lui substituer des « Milices ouvrières »; par le caractère de plus en plus anarchique qu'affectent maintenant les grèves, on peut deviner sans peine quel usage feraient ces milices de leurs armes.

Le péril existe donc, il est patent, nous nous trouvons en présence d'un mouvement concerté qui prend son mot d'ordre chez les socialistes français et qui rencontre malheureusement de nombreuses complicités chez d'autres fractions du parti républicain.

Dans la courte étude que nous présentons au public nous nous sommes attaché à démontrer, par une documentation précise, dont les sources sont toujours indiquées et faciles à contrôler, toute l'étendue du mal : nous n'avons pas cherché à faire œuvre de polémiste, et nous avons voulu laisser au lecteur le soin de tirer lui-même la conclusion nécessaire.

H. TRIDON,

Rédacteur en Chef de la *Tunisie Française,*
organe Républicain.

L'ANTI MILITARISME

CHAPITRE I

SES ORIGINES ET SES CONSÉQUENCES

La loi de recrutement du 27 juillet 1872, en appelant pour la première fois les intellectuels à la caserne, soumit à une discipline rigide en vue de laquelle ils n'étaient nullement préparés, comme ils le sont en Allemagne par de longues traditions héréditaires, des éléments de la nation qui, sous les régimes antérieurs, échappaient au service militaire par le remplacement, quand la vocation ne les appelait pas à la carrière des armes.

Presque tous rangés dans la catégorie des volontaires d'un an, ces jeunes soldats, élèves pour la plupart de nos grandes écoles civiles, futurs ingénieurs, artistes, littérateurs ou professeurs, ayant reçu dans les lycées une instruction supérieure, supportèrent avec peine d'être commandés par des gradés dont les connaissances étaient le plus souvent rudimentaires. Le petit paysan, l'ouvrier des villes pouvaient bien s'accommoder du parler rude, du geste parfois brutal, de l'éducation restée primitive des caporaux et des sous-officiers, généralement issus des classes les plus modestes de la nation, mais non le volontaire d'un an, en raison de ses mœurs policées et raffinées. La promiscuité de la chambrée, le contact de camarades frustes, dont le langage ignorait les subtilités grammaticales, et qui faisaient sentir parfois plus souvent qu'il ne convenait à ces fils de famille la lourdeur du niveau égalitaire ; la fatigue musculaire enfin résultant de corvées et d'exercices fatigants, achevèrent de rendre pénibles le séjour et le régime de la caserne aux volontaires.

La plupart d'entre eux, cependant, tout en souffrant comme les camarades du changement si brusque de milieu, accomplirent gaillardement leur devoir, au grand bénéfice, d'ailleurs, de l'état général de leur santé physique, et piochèrent la théorie avec ardeur pour conquérir à la fin de l'année le galon de sergent, prometteur du grade d'officier de réserve ; puis, l'année « tirée », chacun reprit dans la vie civile le cours de ses occupations antérieures sans avoir gardé trop mauvais souvenir de l'épisode militaire qui avait traversé son existence.

Tous ne se plièrent pas aussi facilement ; d'aucuns restèrent pendant douze mois en révolte sourde contre la discipline ; si la crainte des punitions empêcha cette révolte de se traduire en manifestations extérieures, elle ne put faire que ces soldats, dépourvus de tout esprit militaire, mais qui étaient souvent des observateurs fins, à l'intelligence déliée, à la verve caustique, ne prissent sur le vif les travers et les côtés faibles de ces supérieurs qu'ils haïssaient parce qu'ils avaient dû subir ou redoutaient leurs remontrances, et qu'ils méprisaient même parce qu'ils ne comprenaient rien au rôle élevé de leur mission.

Rendus à la liberté, quelques-uns d'entre eux s'appliquèrent, en des romans ou en des articles de revue, à narrer ce qu'ils avaient vu sous l'angle spécial de leur optique personnelle ; c'est à ce genre de littérature, œuvre d'anciens volontaires ou de jeunes gens de même condition sociale, ayant accompli leurs cinq années de service sans avoir pu s'accommoder des rigueurs de la discipline, qu'appartiennent *la Caserne*, *Misères du sabre* (1887), *Sous-Off* (1889) de Lucien Descaves, *le Cavalier Miserey* (1887), d'Abel Hermant, *le Colonel Ramollot* (1888), de Charles Leroy. Ces scènes de la vie de caserne, animées d'une verve amère qui n'était pas toujours scrupuleuse dans le choix des moyens ni dans le respect de la vérité, devinrent vite populaires et commencèrent à jeter, par le ridicule savamment manié, la défaveur et le discrédit sur la vie militaire et à affaiblir le respect dû aux chefs de tous grades. Il n'y a pas jusqu'aux pièces bouffonnes de Courteline qui, par certains côtés, n'aient exercé une influence pernicieuse.

Les deux dernières lois de recrutement, en étendant l'obligation de servir à d'autres catégories de citoyens qui en étaient exempts en tout ou en partie, ont encore accru le mal ; elles ont augmenté le nombre des intellectuels frondeurs qui alimentent le théâtre, le café-concert et le journalisme de leurs déconcertantes théories ou de leurs déclarations sentimentales sur la « servitude militaire ».

Le pacifisme scientifique

Le malentendu permanent dont nous avons montré l'existence entre les cadres de notre armée et une fraction, infime si l'on veut, mais remuante et agissante de la jeunesse instruite dans nos écoles et facultés, n'aurait pas suffi à entraîner la déchéance de l'esprit militaire en France, si une autre fraction de la nation, composée d'hommes qui se sont acquis une légitime notoriété dans les lettres et dans les sciences, ne s'était mis en tête de « déclarer la guerre à la guerre ». Certes, nous ne sommes pas les admirateurs de ces tueries gigantesques, effroi légitime des mères et des... économistes ; cependant, l'entreprise de rapprocher les peuples nous a paru irréalisable parce qu'elle comporte l'unification préalable de leur constitution mentale et que cette unification est une utopie.

Aussi longtemps, et c'est la loi à laquelle est soumise l'humanité, que les peuples présenteront des différences anatomiques profondes qui s'accompagnent de différences psychologiques non moins accusées, différences anatomiques et psychologiques qui constituent l'âme collective des races, ils raisonneront et agiront de telle manière que les dissentiments naîtront entre eux. « La plupart des guerres qui remplissent l'histoire, dit le docteur Gustave Lebon, dans son *Évolution psychologique des peuples*, sont nées de ces dissentiments. Guerres de conquêtes, guerres de religions, guerres de dynasties ont toujours été en réalité des guerres de races. »

D'autre part, une autre loi biologique nous montre les espèces inférieures toujours absorbées, dévorées ou éliminées par les supérieures, ce qui fait de la vie un éternel combat.

En admettant même que les causes religieuses et politiques de guerres viennent à disparaître, ce qui paraît impossible, il restera toujours un motif permanent de conflit: l'intérêt économique des nations à natalité débordante qui se lanceront sur leurs voisines, non pas tant pour conquérir des territoires que pour s'assurer des débouchés à la faveur de traités de commerce avantageux mais imposés par la force.

Les protagonistes français du pacifisme dit scientifique, les Frédéric Passy, les D'Estournelles de Constant, les Charles Richet, etc., sans méconnaître absolument ces règles, déclarent qu'ils ne prêchent point la révolte contre les lois du pays; ils ne discutent pas non plus le devoir de répondre à l'appel du service: ils vont même jusqu'à dire que dans chaque nation tous les citoyens doivent coopérer loyalement à la guerre, mais leur zèle à présenter celle-ci sous ses dehors réels, ceux d'un fléau économique et social, flatte beaucoup trop la tendance actuelle à ne considérer comme unique idéal que la satisfaction des besoins matériels pour ne pas produire une diminution de l'initiative, de l'énergie, de la volonté et de l'aptitude à agir ; pour ne pas amener, enfin, l'abaissement de notre caractère national.

Pour le moment, leur action s'est résumée dans la création de tribunaux d'arbitrage ; mais ce qui prouve bien que cette action ne dépassera pas un champ très limité dans cet ordre d'idées, c'est que les puissances qui ont accepté cette procédure, très louable d'ailleurs, ont posé comme condition qu'elle ne s'appliquerait pas aux cas où l'honneur national serait en jeu, c'est ainsi que les Anglais n'ont voulu accepter aucun arbitrage dans leur conflit avec les Boers.

L'avenir du pacifisme scientifique est donc forcément restreint parce que, ainsi que nous le disons plus haut, il ne peut unifier les mentalités si différentes des races qui peuplent le globe.

Aussi, M. Brunetière, dans un article de la *Revue des Deux Mondes*, consacré au *Congrès international de la Paix* qui se tint à Lille du 26 au 30 avril 1905, a-t-il pu réfuter avec beaucoup de bon sens et de fermeté, ce qu'il a appelé, irrévérencieusement peut-être, « le mensonge du pacifisme ».

Ce pacifisme à tendances purement économiques et humanitaires n'aurait que le défaut d'être un procédé trompeur si, par malheur, il n'en avait engendré un autre ; le pacifisme révolutionnaire, qui, ainsi que le faisait judicieusement observer M. Pierre Aubry, le 5 février dernier à la *Société d'Economie politique de Paris*, n'est pacifique que de nom, ses procédés étant ceux de la lutte des classes.

CHAPITRE II

LE PACIFISME RÉVOLUTIONNAIRE

Nous avons démontré que le pacifisme dit scientifique, prêché par certains économistes, comme M. Frédéric Passy, qu'effraie l'énorme charge qu'imposent aux budgets d'Etat les armements toujours croissants, ou par des « intellectuels », bien intentionnés sans doute, mais qui méconnaissent les lois psychologiques déterminant l'évolution des peuples, avait le premier grandement contribué à diminuer l'esprit militaire.

Il y a lieu toutefois de remarquer que cette propagande, qui n'est d'ailleurs pas particulière à la France, puisque la *Ligue de la Paix* est internationale, n'a guère d'action que sur un nombre restreint d'hommes politiques, de philosophes, de littérateurs, de savants.

Le pacifisme scientifique se confine dans le domaine de la discussion et ne cherche pas à mettre les lois en échec, bien plus, il rêve d'installer le régime de la paix non seulement à l'extérieur mais encore à l'intérieur des nations ; il aime la paix pour elle-même, parce qu'elle est la paix ; il la désire pour tout le monde et lui assigne le droit comme base et point de départ.

Tout autre est le pacifisme révolutionnaire : sans doute il s'appuie sur les arguments du pacifisme scientifique, et déclare, comme lui, la guerre à la guerre, mais s'il recherche la suppression de celle-ci, ce n'est pas seulement pour en éviter les horreurs aux peuples, mais surtout et avant tout pour que le prolétariat international puisse conserver toutes ses forces en vue de la révolution sociale qui doit un jour amener l'avénement de la Société nouvelle.

Les pacifistes de l'école Passy, D'Estournelles de Constant, Emile Arnaud ont confiance en une évolution lente et paisible pour rendre les guerres moins fréquentes; les pacifistes de l'école G. Yvetot, G. Hervé n'ont en vue que la guerre civile : ce ne sont donc pas des pacifiques mais bien des violents. Cette distinction était nécessaire, car il n'a jamais existé d'alliance entre ces deux écoles.

L'affaire Dreyfus

Avant d'entrer dans l'examen des moyens employés par le pacifisme révolutionnaire pour répandre ses doctrines, il nous faut bien dire que la lamentable affaire Dreyfus fut un terrain excellent pour sa propagande.

Les imprudences, les fautes mêmes commises par notre Etat-Major, permirent de faire sortir cette cause à jamais célèbre du domaine judiciaire où elle aurait dû rester renfermée. Des journaux, des ligues se créèrent, moins pour démontrer l'innocence du relégué à l'Ile-du-Diable que pour discréditer notre corps d'officiers à l'étranger et à l'intérieur. Ce mouvement imprudent fut secondé avec empressement par l'Angleterre, avec laquelle nos relations n'étaient pas ce qu'elles sont devenues, et surtout par l'Allemagne et ses alliées de la Triplice, inquiètes à bon droit de notre résurrection au rang de grande puissance militaire. Il est superflu de rappeler la campagne de haine et de diffamation qui fut menée, plusieurs années durant, par une presse cosmopolite contre notre armée ni le sans-gêne incroyable avec lequel des publicistes étrangers s'immiscèrent dans nos affaires. Nos lecteurs ont encore tout cela présent à la mémoire, et parmi les défenseurs de Dreyfus, combien aujourd'hui, sans rien renier de leur opinion sur son innocence, déplorent le mal qui a été causé à la patrie par les procédés que d'aucuns employèrent pour amener la réhabilitation cherchée !

On peut donc faire remonter à l'affaire Dreyfus l'extension que prit en France la campagne antimilitariste. Mais toutes les causes que nous venons d'énumérer auraient été insuffisantes à faire pénétrer ses effets jusqu'aux couches profondes de la nation si, contemporainement aux procès Dreyfus, le parti ouvrier français n'avait nettement évolué, sous l'influence socialiste et sous la direction de la Confédération générale du Travail, dans le sens internationaliste, avec toutes ses conséquences les plus extrêmes, à savoir la négation de l'idée de patrie et le refus de défendre le sol national.

C'est le parti socialiste révolutionnaire et son agent le plus actif, la Confédération générale du Travail, qui sont devenus depuis une dizaine d'années les ferments destructeurs de l'esprit militaire, et cette destruction s'est exercée de deux façons bien distinctes, par la propagande dans l'Armée même ou auprès des conscrits au moment de l'appel et par la propagande allant chercher sur les bancs de l'école les futures classes de recrutement.

Nous allons passer en revue ces deux procédés dangereux.

Un précurseur d'Hervé. — La propagande dans l'Armée

Ce n'est pas, comme on pourrait le croire, Hervé qui le premier s'est adressé directement aux militaires pour les détourner de leur devoir, il a eu un précurseur en 1893 dans Maurice Charnay, qui édita *le Catéchisme du Soldat*, où on lisait par exemple :

« D. — Pourquoi n'es-tu pas soldat dans ton pays afin de pouvoir en même temps labourer ton champ, nourrir ton vieux père et te créer une famille ?

« R. — Parce que le militarisme n'est pas fait pour la défense du pays : c'est, avant tout, un instrument de servitude. Si les soldats demeuraient dans leur pays, on aurait plus de peine à en faire des esclaves ; ayant sous les yeux le spectacle du travail, de la liberté, de la vie, ils agiraient comme des hommes et briseraient le joug qu'on veut leur imposer.

« Et puis lorsque viendrait la guerre, **qui est toujours une bonne affaire pour les bourgeois, sans danger pour leurs enfants qu'on met à l'abri dans les fonctions publiques,** les fils de paysans y regarderaient à deux fois avant de se laisser mener à l'abattoir : ils chercheraient d'abord quel est leur avantage, et si la boucherie doit se terminer autrement que par la mort, la ruine et l'impôt.

« D. — Qu'est-ce que la patrie ?

« — C'est un mot dont se servent les candidats à la députation et les journalistes. Elle est représentée plus particulièrement par le percepteur et le gendarme qu'on paye avec une partie de l'argent extorqué aux ouvriers et aux cultivateurs. Le reste de cet argent s'en va dans de grandes villes que nous ne verrons jamais, où des ministres, des députés et des fonctionnaires font la noce pendant que nous travaillons.

« La patrie, c'est le hideux impôt, c'est la loi qui commande, ce maître impersonnel qui nous enlève peu à peu chacune de nos libertés ; la patrie, c'est ce qui nous opprime, tout ce que nous devons haïr. »

On voit par cette définition de la patrie que Hervé avait eu un précurseur, mais le brevet d'invention mis à part, c'est à Hervé que revient le triste honneur d'avoir en quelque sorte fixé la doctrine de l'antimilitarisme dans des livres, comme son *Histoire de France*, comme *leur Patrie*, dans des journaux, comme le *Pioupiou de l'Yonne*, dans des conférences, comme celle du Tivoli-Vaux-Hall en 1905, qui ont fait scandale au début mais qui, aujourd'hui, ont lassé même l'indignation. Le rôle de Gustave Hervé est trop connu pour que nous nous appesantissions sur son cas, nous le retrouverons d'ailleurs quand nous parlerons du pacifisme à l'école; insistons cependant sur ce point que Hervé n'est pas un de ces enfants perdus qui existent dans tous les partis dont ils font le désespoir parce qu'ils les compromettent par leurs excentricités ou leurs exagérations outrancières ; Gustave Hervé est au contraire une personnalité importante, une autorité du parti socialiste, il est même membre de « la Commission administrative permanente » qui exerce sur les journaux et les parlementaires unifiés une surveillance et une censure rigoureuses ; enfin Gustave Hervé n'a jamais été désavoué même par Jaurès qui s'est contenté de le morigéner avec une bienveillance et, ajoutons-le, avec une déférence presque craintive. (1)

Hervé est franc-maçon...

---

(1) Plaidant le 9 octobre 1906, pour la première fois à Paris — car Hervé a été, en vertu d'une *disposition spéciale, introduite à son intention* dans la dernière loi d'amnistie, imposé comme stagiaire au Barreau de Paris qui avait précédemment refusé de l'admettre dans son sein — Me Hervé défendait en ces termes un souteneur poursuivi devant la 10e Chambre pour vagabondage spécial :

« Si vous le condamnez, a-t-il dit, on l'enverra aux bataillons d'Afrique et il reviendra pourri ; la caserne où il ira, si vous l'acquittez, n'est pas, il est vrai, un milieu moralisateur, mais enfin vaut mieux que celui où il vivait et que la prison ».

Le tribunal a infligé au prévenu quatre mois de prison et cinq ans d'interdiction de séjour.

L'Hervéisme, puisqu'il faut l'appeler par son nom, engage donc tout le parti socialiste unifié, c'était un point essentiel à souligner.

CHAPITRE III.

LE ROLE DE LA CONFÉDÉRATION GÉNÉRALE DU TRAVAIL

C'est en 1897, au Congrès de Toulouse, que la Fédération des Bourses décide pour la première fois de « travailler » l'Armée en attirant dans les Bourses les membres des syndicats servant sous les drapeaux, c'est la C. G. T. qui confia à un de ses secrétaires généraux, le compagnon Yvetot, la rédaction d'un odieux pamphlet contre l'Armée et ses cadres, *le Nouveau Manuel du Soldat*, où fourmillent les incitations à la désertion, à la rébellion en cas de guerre, voire au meurtre des officiers, pamplet qui s'achemine vers son 200e mille, et dont le jury cependant trouva bon d'acquitter l'auteur contre lequel des poursuites avaient été engagées.

Ceux de nos lecteurs que l'histoire du rôle joué en matière d'antimilitarisme par la C. G. T. jusqu'au début de l'an dernier intéresserait, pourront se reporter avec fruit à une étude très complète qui a paru dans *l'Écho de Paris*, en mars et en avril derniers, sous la signature de notre confrère Gaston Dru, et sous le titre : **La Révolution qui vient**; ils y verront qu'il existe une *Ligue internationale pour la défense du soldat*, une *Ligue antimilitariste internationale, la Semeuse.*

La République Française a publié dans les premiers jours d'octobre une interview de M. Almereyda, secrétaire de l'*Association Internationale Antimilitariste,* qui a déclaré que celle-ci n'était guère internationale que de nom, car elle ne comporte d'adhérents sérieux qu'en France, en Hollande, en Belgique, et peut-être en Italie.

La ligue est organisée comme une véritable administration. Le nombre des adhérents s'élève à huit mille pour la France, tous résolus, ayant fait le sacrifice de leur liberté et de leur vie pour leurs théories. Elle comprend quatre-vingts femmes. Parmi les adhérents, figurent plusieurs gendarmes, des sous-officiers, un capitaine et beaucoup de soldats.

Quelques élèves de collège viennent de solliciter leur affiliation ; enfin, des instituteurs figurent parmi les plus zélés propagateurs. M. Almereyda a ajouté :

« Personnellement, je suis en très bons termes avec un instituteur des environs de Nancy et plusieurs de l'Algérie, de la Loire et du Gard. Le ministre de l'Instruction publique a rappelé dernièrement deux de nos amis, membres de l'enseignement, qui avaient scandalisé les patriotes d'une ville algérienne, et si je n'étais pas tenu au silence, je citerais plusieurs maîtres d'école des Vosges qui façonnent pour nous patiemment les générations de demain. »

L'antimilitarisme, dit M. Gaston Dru, a ses journaux : *la Voix du Peuple, les Temps Nouveaux, le Conscrit, la Feuille du Soldat, la Liberté d'opinion*, etc.; ses brochures particulières : *la Vache à Lait, le Patriotisme, l'Antimilitarisme, le Mal Militaire*, etc., etc. (1)

(1) Dans le courant d'octobre 1906 on arrêtait à Toulon un anarchiste, nommé Victor Bussod, pour avoir distribué des brochures antimilitaristes à des soldats du 4e colonial. Cet anarchiste a opposé une vive résistance aux agents qui l'arrêtaient et il a fallu que des soldats auxquels il exposait ses théories subversives aidassent les agents à l'emporter.

Les brochures distribuées par Bussod, *Religion et Patrie*, ont pour auteur M. Leblond, surveillant technique à la direction d'artillerie dans l'arsenal, et un des membres les plus influents du syndicat.

Contemporairement à cette arrestation, *le Figaro* mentionnait en ces termes la publication d'une autre brochure antimilitariste :

« Elle a, écrivait notre confrère, pour titre : *Aux Conscrits*. On devine les

Comme quelques-uns de ceux qui nous lisent ne manqueraient pas de récuser le témoignage d'un rédacteur de *l'Écho de Paris,* organe taxé de nationalisme, nous ferons passer sous leurs yeux le passage suivant d'un article du *Courrier Européen,* journal socialiste socialisant, du 18 mai 1906, signé R. de Marmande, où le rôle de la C. G. T. est présenté avec les éloges les plus vifs :

Parallèlement, dit l'auteur, à l'étude des moyens d'action directe, qui ne sont point nécessairement des procédés insurrectionnels, la C. G. T. s'est appliquée à donner à l'antimilitarisme une forme adéquate aux revendications économiques.

L'antimilitarisme bourgeois et parlementaire s'attaque aux effets mais se hâte de protéger les causes. Il n'en va pas ainsi avec la propagande syndicaliste qui vise au cœur même de l'ennemi et s'efforce d'arracher le travailleur aux séductions comme aux brutalités de la livrée patriotique. *Le Manuel du Soldat,* pour lequel fut poursuivi et acquitté G. Yvetot, reste un élément de propagande antimilitariste incomparable. (1)

La propagande par livres et opuscules qu'on trouve fréquemment dans les paquetages des soldats ne paraissant pas suffisante à la C. G. T., elle emploie chaque année celle par placards affichés dans les rues à l'époque de l'appel

---

conseils qu'elle prodigue aux jeunes soldats qui vont accomplir leur devoir militaire. Elle reproduit les déclarations familières aux chefs du parti, assez médiocrement d'ailleurs ; bien qu'elle porte l'estampille de l'*Association internationale antimilitariste,* elle paraît être la contribution d'un très modeste rationaliste et l'on pourrait croire qu'elle fut rédigée dans les prisons, si les prisonniers avaient encore le temps d'y écrire, sous ce régime propice aux amnisties. On rencontre, néanmoins, dans ce nouvel appel aux conscrits, une déclaration originale, car on y prêche ouvertement aux Français les avantages qu'ils trouveraient à devenir sujets allemands.

Ce libellé, dont la couverture représente un soldat brisant son fusil sur les crânes de capitalistes vautrés parmi des sacs d'or, porte un avis important : « Lire et faire circuler ».

(1) Ce collaborateur du *Courrier Européen* est également un des rédacteurs attitrés d'un journal anarchiste, *les Temps Nouveaux.*

des classes ; voici, par exemple, celui qu'on pouvait lire en 1904 sur les murs de Paris :

JEUNESSE SYNDICALE DE PARIS
Aux Conscrits

Dans quelques jours, la loi va contraindre des milliers de jeunes gens à revêtir **la livrée infamante.**

Au nom d'un patriotisme qui ne résiste pas à la discussion, ils seront astreints, trois années durant, à **l'apprentissage de l'assassinat.**

L'année suivante, en octobre 1905, l'affichage prit des proportions inusitées : l'*Association internationale antimilitariste des Travailleurs,* affiliée à la C. G. T., se distingua par une proclamation d'une violence inouïe, contenant des provocations directes à la désobéissance et même à l'assassinat des officiers. Voici un passage de cet appel aux conscrits qui fut déféré à la justice au mois de décembre; au nombre des signataires on lisait les noms de MM. Bousquet, Laurent Tailhade qui, depuis...., Amilcar Cipriani, etc., etc. :

Quand on vous commandera de décharger vos fusils sur vos frères de misère, comme cela s'est produit à Châlons, à La Martinique, à Limoges, travailleurs, soldats de demain, vous n'hésiterez pas, vous obéirez. Vous tirerez, mais non sur vos camarades, vous tirerez sur les soudards galonnés qui oseront vous donner de pareils ordres.

On pourrait comprendre jusqu'à un certain point que la C. G. T., réprouvant l'emploi de l'armée dans les grèves où elle est acculée à se faire décimer, comme on l'a vu au cours des tristes événements qui ont ensanglanté le Nord cette année et ensuite à Grenoble, ou à faire usage de ses armes, déconseillât aux soldats de tirer sur les émeutiers, mais à quoi bon ce conseil d'assassiner les officiers ? Pacifiste révolutionnaire à l'intérieur, ce qui ouvre un champ libre à cette lie de la population qui surgit des bas-fonds de la nation à chaque grève et qui compromet la cause des vrais travailleurs, la filiale de la C. G. T. montre exactement le fond de sa pensée lorsque, dans la même affiche, elle dit :

Quand on vous enverra à la frontière défendre le coffre-fort des capitalistes contre d'autres travailleurs, abusés comme vous l'êtes vous-mêmes, vous ne marcherez pas. Toute guerre est criminelle. A l'ordre de mobilisation, vous répondrez par la grève immédiate et par l'insurrection.

N'avons-nous pas raison de dire que les pacifistes révolutionnaires n'ont qu'une horreur très relative pour le sang versé, et que ce qui leur importe le plus c'est de se garder intacts pour la guerre civile !

Quoiqu'il en soit, le Gouvernement de la République eut une velléité d'énergie ; au surplus, les élections étaient proches, il ne fallait pas laisser le pays, resté profondément attaché aux idées d'ordre et de patrie, sous le coup de pareilles excitations demeurant impunies. On traduisit donc 28 des signataires de l'affiche criminelle devant le jury. Parmi eux se trouvait Urbain Degoulet, dit Gohier, qui, ayant marché comme les camarades sur la foi des traités passés entre le parti socialiste unifié et le Bloc, trouva très mauvais le procédé et « cassa le morceau » en ces termes :

Je ne pouvais imaginer que je m'exposais à des poursuites en signant des déclarations qui reproduisent fidèlement les doctrines mille fois prêchées par les principaux politiciens, fonctionnaires et publicistes du Bloc. C'est du citoyen Jaurès que j'ai appris (littérature médiocre) *l'Internationale* et *la Carmagnole* ; je veux qu'il les chante à l'audience ou qu'il dise pourquoi.

Aux assises, le 27 décembre, un autre signataire, G. Yvetot, fit la déclaration suivante :

Il n'y a pas, dit-il, de patrie pour les ouvriers, qui n'ont rien. Que les bourgeois soient patriotes, c'est leur affaire. Mais les ouvriers n'ont pas de patrie, parce qu'ils n'ont pas de patrimoine. Il y a patrie dans patrimoine.

Le syndicalisme ne peut exister sans l'antipatriotisme et l'antimilitarisme.

Les ouvriers, traités en bêtes de somme, seraient des imbéciles s'ils défendaient la patrie !

G. Hervé avait dit avant lui, dans son livre *Leur Patrie*, que l'antipatriotisme était la formule à laquelle aboutissait nécessairement le socialisme intégral : « **C'est,** écrivait-il, **l'adhésion pleine et entière au socialisme qui nous a conduits à cet état d'esprit.** »

Contemporairement à l'affiche de l'*Association internationale antimilitariste*, la C. G. T. faisait placarder celle-ci :

A bas l'Armée !

Travailleurs, le 8 octobre prochain, la patrie bourgeoise et capitaliste va s'emparer des plus jeunes et des plus vigoureux d'entre vous pour en faire des fusilleurs.

Laisserez-vous partir vos camarades sans protester? Pères, mères, amantes et épouses, laisserez-vous vos frères, vos époux devenir des brutes en uniforme sans crier votre indignation et votre douleur?

Ce n'est pas possible, vous serez tous dimanche, de huit à neuf heures du soir, où nous vous convions.

Son organe, *la Voix du Peuple*, publiait, dans un numéro spécial, envoyé à domicile à chaque conscrit du département de la Seine et expédié en ballots dans toutes les garnisons, une adresse aux jeunes soldats dont nous signalerons à nos lecteurs le passage suivant qui justifie tout ce que nous avons dit du rôle joué par la C. G. T.

On vous met un fusil au bras... Vous savez pourquoi ?

Il paraît que vous devez l'utiliser à défendre votre « patrimoine ». En avez-vous un de « patrimoine » ? Ce n'est pas bien sûr !

Le contraire est même probable. Donc, en ce cas, c'est le « patrimoine » des riches qu'on veut vous forcer à défendre.

Ce « patrimoine », vous aurez à le défendre beaucoup moins contre l'ennemi de l'extérieur que contre l' « ennemi de l'intérieur ». (1)

Pour clôturer ses travaux, le *Congrès des syndicats des Cuirs et des Peaux*, un des plus militants du parti, avait adopté par acclamations un ordre du jour débutant ainsi :

« Le Congrès, ému des bruits de guerre qui ont couru ces derniers temps, et devant les excitations chauvines qui se sont manifestées à ce sujet :

« Fait à nouveau appel à tous les travailleurs pour qu'ils se groupent fortement au sein de leurs organisations économiques, et les met en garde contre les agissements d'une bourgeoisie capitaliste qui, pour sauvegarder ses intérêts de classe, n'hésiterait pas à jeter les exploités des différentes nations les uns contre les autres; et les invite à répondre aux ordres de mobilisation par un refus en masse de marcher.

A Grenoble, le *Droit du Peuple*, feuille guesdiste, avait préludé au mouvement antimilitariste de 1905 en publiant un ordre du jour du 23 juin, dont nous reproduisons les parties essentielles, et qui émanait des membres de la section de Grenoble du parti socialiste (section francaise de l'Internationale ouvrière) :

...Considérant que la Patrie n'est qu'une fiction pour le prolétaire qui ne possède que son travail odieusement exploité par le capital;

Considérant, d'autre part, que la guerre ne répond qu'aux caprices

---

(1) *La Voix du Peuple* a récidivé cette année ; le présent travail était terminé lorsque nous avons pu nous procurer le nº 312, octobre 1906, *l'Appel de la Classe.*

Dans une note *aux camarades*, la Rédaction s'exprime ainsi : « Le présent numéro est la reproduction du numéro publié en février dernier, à propos du *Conseil de revision*, et qui, en vertu des *lois scélérates*, fut arbitrairement saisi. Les dessins sont les mêmes ; seul le texte a été légèrement modifié — simplement actualisé..... » ; suit un défi de poursuivre jeté au Gouvernement.

et aux ambitions des gouvernants, qu'elle ne sert que les intérêts de la classe capitaliste, qu'elle ruine criminellement les nations et entrave la marche de la civilisation ;

....

Invitent le prolétariat international à mener une vive agitation contre la guerre, qu'ils sont eux-mêmes résolus de tout leur pouvoir et par tous les moyens à empêcher.

Et lèvent la séance aux cris de :

Plutôt l'insurrection que la guerre !

Vive l'Internationale !

Vive la révolution sociale !

C'en était trop, les auteurs de l'*Association internationale antimilitariste* furent déférés à la cour d'assises.

Cette fois le jury fit son devoir et prononça quelques peines contre les signataires de ces placards, mais une amnistie récente — comme nous en avons une tous les trois ou quatre ans — vint les rendre à la liberté. Et si l'on veut savoir si la C. G. T. a renoncé à ce genre de propagande, on n'a qu'à s'en rapporter à une lettre qu'a écrite récemment le compagnon Bousquet, secrétaire de la *Fédération de l'alimentation*, au ministre de la Guerre, où il proteste contre l'emploi des soldats dans les grèves, et déclare que la propagande antimilitariste continuera, dans les syndicats de la Fédération, qui se considèrent dans le cas de légitime défense. (1)

---

(1) D'autres affiches antimilitaristes ont été apposées, dans la nuit du 2 au 3 octobre, sur les murs de la caserne Jeanne-d'Arc, et dans plusieurs quartiers de la ville de Rouen. Ces affiches, conçues en termes violents, s'adressent aux jeunes soldats qui doivent prochainement rejoindre la caserne.

« Si vous croyez, disent-elles, ne pouvoir supporter les insultes, les punitions et toutes les vexations qui constituent la vie de la caserne, désertez ! Cela vaut mieux que de servir de jouets aux brutes alcooliques et aux fous furieux galonnés auxquels vous serez soumis dans les bagnes militaires ! »

Ces affiches étaient signées : « Le groupe d'association de propagande antimilitariste. »

Elles se terminaient en invitant les femmes à fonder « l'Internationale des mères pour en imposer aux despotes et gouvernants assoiffés de sang humain. »

Les gardiens de la paix ont arraché ou lacéré ces affiches au point du jour et le parquet a ouvert une enquête.

Ce n'est pas tout, on sait que M. Thomson, ministre de la Marine, est allé à Brest et qu'il y reçut une délégation du *Syndicat rouge des Travailleurs des ports*.

Un délégué disant qu'il serait intéressant, au point de vue de la défense nationale, de faire le relevé des ouvriers blessés à l'arsenal, M. Thomson, prenant texte de ce mot « défense nationale », tira de sa poche un télégramme qui reproduisait un extrait de l'affiche placardée sur les murs de la Bourse du Travail de Brest. Cette affiche conviait tous les ouvriers à une grande réunion antimilitariste. On y lisait ceci :

« Le camarade Lévy vous dira pourquoi on nous vole, pourquoi on nous tue, à quoi servent les casernes et les assassinats et comment nous empêcherons les boucheries humaines. »

Après cette lecture, le ministre s'écria :

— Croyez-vous que lorsqu'on travaille à une œuvre de défense nationale, il est bon de propager de telles idées ?

Un délégué. — Il est permis de défendre ses idées.

M. Thomson. — Croyez-vous que vous travailliez à des assassinats, à une œuvre de boucherie ? Nous réprouvons les guerres de conquête ; mais vous travaillez à la défense nationale, c'est votre honneur et vous devez être pénétrés de la grandeur de votre tâche. »

L'entretien prit fin sur ces mots.

Cette réponse du ministre n'eut aucun effet sur ses auditeurs, car le soir même, le 20 septembre, une réunion antimilitariste se tint et se clôtura par un ordre du jour où les assistants affirmaient que *tous les travailleurs sont frères, que nul n'a droit de les faire assassiner entre eux, et ont levé la séance prêts à faire la guerre à la guerre, à com-*

battre les patries et toutes les armées, pour instaurer le régime communiste qui seul réalisera le bonheur humain.

Il est donc impossible, on le voit, de nier que la crise de l'antimilitarisme ne soit pas le fait du socialisme, mais il nous reste à examiner comment celui-ci a réussi à trouver dans l'Enseignement public des complices de sa propagande criminelle.

CHAPITRE IV

LE PACIFISME REVOLUTIONNAIRE A L'ÉCOLE

> Nous sommes internationalistes, mais des internationalistes antipatriotes. Nous n'avons à aucun degré l'amour de la patrie, et nous ne savons pas ce que c'est que l'honneur national... Il nous est parfaitement indifférent d'être Français ou Allemands... Nous sommes bien décidés à répondre à un ordre de mobilisation par la grève générale des réservistes d'abord, par l'insurrection ensuite.
>
> **Gustave HERVÉ.**
> (*Avant-Garde* du 7 mai 1905).

Nous sommes arrivés maintenant à une partie très délicate de notre sujet ; nous nous proposons d'expliquer comment l'antimilitarisme a pu s'introduire chez nos instituteurs et en rallier plusieurs milliers. Nos contradicteurs ne manqueront pas de dire que nous diffamons les membres de l'Enseignement primaire, parce que nous osons porter le fer rouge sur une plaie qui les ronge et qui va chaque jour s'étendant. Nous dirons cependant ce que nous savons, nous le dirons en nous aidant, comme toujours, de documents authentiques, parce que nous estimons que c'est le devoir de tout publiciste, conscient de sa mission, d'éclairer les citoyens sur ce qui menace l'intégrité de la patrie. Au surplus, nous nous empressons de déclarer que si les socialistes révolutionnaires ont embauché sous leur rouge bannière un important contingent d'éducateurs publics, il existe encore une majorité imposante qui est restée réfractaire à leurs théories monstrueuses et que celles-ci n'ont guère pénétré ni en Algérie, ni en Tunisie, ce qui est pour nous une constatation réconfortante.

*
* *

C'est à l'année 1902 qu'on peut faire remonter l'origine de la campagne contre la patrie, menée chez les instituteurs ; l'organe le plus actif de cette propagande fut la *Revue de l'Enseignement Primaire*, organe lu par 30.000 membres de cet enseignement, dont 14.000 abonnés.

La Revue de l'Enseignement Primaire avait justement pour leader Gustave Hervé, l'auteur d'une *Histoire de France* qui, entre autres théories scandaleuses, qualifie «d'acte d'impatience de justice sociale» l'assassinat du président Carnot !

Cette date de 1902 correspond au Congrès de la *Fédération des Bourses* à Alger et à celui de la *Confédération générale du Travail* à Montpellier, tenus cette même année et qui réalisèrent l'unité ouvrière.

L'organisme nouveau chercha aussitôt des auxiliaires et des adhérents ; les Chauvelon, les Téry, les Charbonnel, de *la Raison*, et les Hervé trouvèrent chez les instituteurs et principalement chez les adjoints, que leur situation effacée et leur solde insuffisante rendaient plus accessibles aux sollicitations intéressées, un auditoire tout préparé qui prêta naïvement l'oreille à leurs doctrines collectivistes, à leurs déclamations, à leurs envolées vers un idéal humanitaire. Sous l'impulsion de ces directeurs de conscience, beaucoup d'instituteurs, du radicalisme, qu'ils accusent de les avoir endormis et leurrés, sont passés au socialisme révolutionnaire, ce grand prometteur ; ils se sont mis à fréquenter les Bourses corporatives : ne sont-ils pas, eux aussi, comme leurs frères aux mains calleuses, des ouvriers du Travail, du Travail pédagogique ; n'ont-ils pas un patron, l'Etat, aussi exécrable que l'exploiteur capitaliste ? Bientôt les Amicales ne leur ont plus suffi, ils ont créé des syndicats affiliés à la C. G. T. : ils étaient mûrs pour l'antimilitarisme !

Leur évolution a donc une cause économique autant que politique.

Au surplus, les grands chefs du socialisme leur avaient marqué depuis longtemps la voie à suivre ; n'est-ce point Jaurès, un universitaire, qui au Congrès de Lille, en 1900, se félicitait de voir tous les jours descendre « le prestige du militarisme dans l'esprit des hommes? Le militarisme, disait-il, n'est pas dangereux, sachez-le, seulement parce qu'il est le gardien armé du capital : il est dangereux aussi parce qu'il séduit le peuple par une fausse image de grandeur, par je ne sais quel mensonge de dévouement et de sacrifice. »

Ce n'est pas sans résistance pourtant que l'antipatriotisme s'infiltra dans le personnel enseignant. Déjà, en avril 1904, au Congrès de la Paix par le Droit, à Nîmes, un groupe d'instituteurs patriotes avait envoyé un manifeste qui fut violemment combattu par M. F. Buisson, alors directeur de l'Enseignement primaire, et dont l'attitude vis-à-vis des doctrines hervéistes fut toujours d'une indulgence et d'une complaisance scandaleuses. (1)

---

(1) *La Voix du Peuple*, dans son numéro d'octobre 1906, donne l'extrait suivant d'un discours prononcé au Congrès de la Paix, à Lausanne, en 1869, par ce même Ferdinand Buisson.

« ...Et quand on ne verra plus des *milliers de badauds assister aux revues militaires ;* quand, au lieu de l'admiration du titre et de l'épaulette, vous aurez habitué l'enfant à se dire : *un uniforme est une livrée, et toute livrée est ignominieuse, celle du prêtre et celle du soldat, celle du magistrat et celle du laquais,* alors vous aurez fait faire un pas à l'opinion... »

En juin, c'est le Parlement lui-même qui essaie de réagir ; ayant appris que l'*Histoire de France* d'Hervé avait pénétré dans certaines écoles, M. Grosjean interpelle le 3 juin à la Chambre des Députés. Dans sa réponse, le ministre de l'Instruction publique, M. Chaumié, stigmatise en termes énergiques ce « livre de polémique passionnée » et déclare qu'il ne saurait être mis dans les mains des enfants. En dépit d'une intervention de MM. Jaurès et Paul Constans en faveur de cette œuvre déconcertante, la Chambre approuve par 468 voix contre 47 les déclarations du ministre.

Dans le sein même de l'Enseignement primaire les protestations contre l'esprit nouveau se faisant plus nombreuses, un homme énergique, M. Emile Bocquillon, instituteur public, se met à la tête des protestataires, et crée l'*Ecole Patriote* en octobre 1904 ; à cet organe s'ajoute une ligue dite des *Instituteurs patriotes*. Emile Bocquillon a trouvé des collaborateurs vaillants dans la personne de MM. Comte, Th. Legrand, Fournier ; il mène le bon combat en signalant les défaillances. Son zèle patriotique lui vaut, de la part des « Sans-Patrie » de l'Enseignement, injures et sarcasmes, il est hué dans les Amicales, conspué à leur Congrès de Lille, en 1905. Bientôt, pour ne pas rompre en visière à son nouveau chef, M. Guasquet, qui a recueilli la succession de M. F. Buisson, et, comme son prédécesseur, ne veut pas admettre l'existence d'une crise du patriotisme dans l'Enseignement de l'école, il renonce à poursuivre la publication de l'*Ecole Patriote*, qui a vécu quinze mois ; mais il a publié un livre fortement documenté, la *Crise du Patriotisme à l'Ecole*, où un ancien grand maître de l'Université, dont le républicanisme ne saurait être taxé de tiédeur, M. René Goblet, écrivit, quelques semaines avant sa mort, une superbe préface qui produisit dans le public une profonde impression.

Tout cela n'arrête pas la propagande d'Hervé; le lendemain du jour où le Parlement avait flétri son *Histoire de France,* il s'adjoint comme collaborateur M. Gaston Clémendot, membre du Conseil départemental de l'Yonne, et refond son *Histoire de France,* mais l'esprit en est intégralement maintenu et la *Revue de l'Enseignement Primaire* la recommande chaudement à sa clientèle. Son appel est entendu; dans une lettre à Jaurès du 8 juin 1904, Hervé s'en vante en ces termes :

A Paris même, dit-il, où les instituteurs sont moins avancés qu'en province, mon livre a été inscrit sur la liste des ouvrages classiques par la *presque unanimité* des conférences pédagogiques, après examen.

Et le fait est malheureusement exact, ce qui permettra au *Mouvement socialiste* du 1er mars 1905 de dire :

Les instituteurs sont devenus les meilleurs, les plus vibrants apologistes de la paix, les plus fervents apôtres de la cité d'harmonie et de justice, et il y a à peu près la même unanimité parmi eux pour exalter les sentiments d'humanité et les idées de paix, qu'il y en avait, il y a moins de dix ans, pour célébrer les beautés de la patrie, et les gloires de la guerre... il y a évidemment progrès.

Pour bien montrer les liens étroits qui existent entre le pacifisme de certains instituteurs et celui des révolutionnaires, on n'a qu'à se rappeler que le Congrès du parti socialiste de France, tenu en 1904, adopta un vœu qui excluait des matières d'enseignement tout ce qui n'est pas susceptible de démonstration (enseignement religieux, moral et *patriotique*) et n'entre pas dans les sciences exactes et naturelles.

C'est en vain que MM. Clémenceau, Gérault-Richard, Millerand qualifient plus ou moins durement la désastreuse tendance à disqualifier l'idée de patrie qui se manifeste dans une très notable partie de notre corps d'instituteurs. Des journaux spéciaux, comme l'*Emancipateur* et le *Journal des Instituteurs*, des organes du « bloc prolétarien » comme l'*Humanité* par la plume de M. Jaurès, comme la *Raison*, comme l'*Action*, soutiennent que faire la critique des doctrines antinationales, c'est « entraver hypocritement l'œuvre de laïcisation générale entreprise par la majorité parlementaire et prendre parti pour l'obscurantisme contre la science. » C'est en vain que le ministre de l'Instruction publique du cabinet Rouvier, M. Bienvenu Martin, parlant devant le président de la République, lors de la fête de la Mutualité, le 18 juin 1905, au Trocadéro, ne craint pas de dire « qu'après les devoirs envers la patrie, qui sont intangibles et que certains, indignes d'être des éducateurs, voudraient affaiblir, nous avons placé les devoirs de solidarité. »

A tous ces blâmes directs, Hervé riposte par la publication, à la *Librairie de la Propagande Socialiste*, de son dernier livre, *Leur Patrie*, où se trouve cette phrase :

> Une tactique s'offre heureusement aux socialistes internationalistes ; elle peut se résumer en deux mots : désertion des camarades sous les drapeaux et grève des réservistes. Le jour de la déclaration de guerre, le devoir des socialistes sous les drapeaux serait de déserter.

Ce livre est accueilli avec enthousiasme par les instituteurs antipatriotes et les Amicales retentissent des accents de l'*Internationale*. Peine perdue également que le beau discours prononcé le 16 décembre 1905 sur l'antimilitarisme par M. Paul Deschanel et dont la Chambre a voté l'affichage ; que le discours de M. Etienne, ministre de la Guerre, aux Jardies, le 14 janvier 1906, où se trouve ce passage :

Aux yeux de Gambetta et du parti républicain tout entier, l'Armée faisait corps avec la Nation, convaincus qu'ils étaient que la réorganisation de l'une, sur la base du service militaire égal pour tous, était la plus sûre garantie de l'autre contre les dangers du dehors et les intrigues du dedans.

L'antimilitarisme, qui ne sera jamais en France que le fait d'une infime minorité turbulente, sans racines dans le pays, eût été alors considéré non seulement comme une douloureuse et injurieuse utopie, mais comme une négation même de la Patrie.

Contrairement à l'optimisme de l'honorable M. Etienne, le mal a jeté de profondes racines et il sera désormais bien difficile de l'enrayer.

CHAPITRE V

LES COMPLICITÉS

Nous avons vu que la crise d'antimilitarisme aigu, dont nous souffrons en France plus qu'ailleurs, était due surtout à l'action du parti socialiste. Mais, dira-t-on, il existe des socialistes patriotes : il n'est pas douteux, par exemple, que Millerand, que Gérault-Richard, que Viviani ne partagent pas les idées d'Hervé et l'ont même vigoureusement blâmé. Malheureusement dans le parti socialiste, comme dans tous les partis d'ailleurs, il n'y a que les audacieux, que les énergiques qui comptent et qui font la loi ; or, dans le parti socialiste, le groupe agissant, qui marche sous l'impulsion de Jules Guesde et qui a réalisé l'unification, est absolument acquis à la doctrine antimilitariste, et Hervé n'a été que l'intellectuel qui a su traduire sous une forme saisissante et littéraire les sentiments de ses coreligionnaires politiques.

En veut-on une preuve immédiate ? On la trouvera dans un ordre du jour voté en juin dernier par le Congrès de la *Fédération socialiste de l'Yonne* et qui débutait par cette phrase caractéristique :

> La Fédération socialiste unifiée de l'Yonne félicite le camarade Gustave Hervé d'avoir exposé au Tivoli Vaux-Hall les idées antipatriotiques qui sont l'expression exacte des sentiments du parti socialiste de l'Yonne...

En octobre de la présente année, la Fédération socialiste du Pas-de-Calais, réunie en congrès, a adopté, à l'unanimité, la résolution suivante, prescrivant l'insurrection en cas de guerre :

Le Congrès de la Fédération du Pas-de-Calais confirme la résolution des congrès internationaux, qui ont pour but d'assurer l'autonomie des nations et la paix du monde, de substituer au régime actuel de l'Armée contre la nation et le prolétariat, l'armement général du peuple.

Le congrès compte sur la classe ouvrière et sur les socialistes de tous les pays pour, en se conformant aux décisions du Bureau socialiste international, prévenir et empêcher les guerres par tous les moyens, depuis l'intervention parlementaire, l'agitation publique, les manifestations populaires, jusqu'à la grève générale et l'insurrection.

Au moment des élections dernières, le *Conseil national du parti socialiste* faisait afficher un manifeste où on pouvait lire le passage suivant, qui ne laisse aucun doute sur ses intentions et qui prouve que les *Fédérations de l'Yonne* et *du Pas-de-Calais* sont bien dans l'orthodoxie socialiste :

A l'heure où les combinaisons occultes des diplomates et les convoitises des classes possédantes multiplient les risques de conflit, vous ne vous bornerez pas à signaler à tous, gouvernants et possédants, que vous ne voulez pas de la guerre, qui ne serait que la diversion criminelle des privilèges menacés et des classes aux abois : vous rendrez la guerre impossible en chassant du gouvernement ceux-là seuls qui y ont intérêt et en installant au pouvoir votre propre classe.

Il faut que l'Internationale ouvrière agisse et se dresse pour sauver à la fois l'indépendance des nations et la paix du monde...

N'oublions pas que ce manifeste coïncidait avec une période de tension avec l'Allemagne, et que la doctrine de l'*Internationale ouvrière* est la désertion en temps de guerre et la grève des appelés.

On peut donc affirmer, en dépit de certaines protestations ou explications plus ou moins embarrassées de quelques hommes politiques, comme M. Brousse par exemple, qui se réclame de l'école socialiste, que ce parti en France ne veut plus connaître la Patrie ni, par conséquent, entendre parler de la défendre.

Pour leur œuvre néfaste les socialistes et les syndicalistes ont trouvé des auxiliaires dans certains groupements qui, par leurs agissements, causent, sous prétexte de liberté et de justice, le plus grand mal à la discipline, en énervant l'action des chefs militaires.

La Ligue des Droits de l'Homme

Au premier rang de ces groupements il faut citer la *Ligue pour la défense des Droits de l'Homme et du Citoyen*, qui, fondée en 1898 par MM. Trarieux, Y. Guyot et L. Havet pour les besoins de la cause de Dreyfus, a pour président un antimilitariste avéré, M. Francis de Pressensé. Il ne se passe pas de jour où cette Ligue ne s'immisce dans les affaires de l'Armée, n'assaille le ministre de la Guerre de lettres où elle s'occupe de militaires peu intéressants, soi-disant victimes de persécutions, d'injustices ou de mauvais traitements. Le cas le plus récent et qui montre comment la Ligue comprend sa mission, est celui du soldat Gourret, du 140e de ligne.

Gourret qui, une fois déjà, avait été sévèrement puni pour propagande anarchiste, fut surpris le 7 août dernier en train de lire dans la chambrée à haute voix le journal l'*Anarchiste*. Ayant refusé de le remettre au caporal qui le lui demandait, il fut puni de huit jours de prison. Le colonel porta la peine à quinze jours de prison, dont huit de cellule, et non pas à 60 jours, comme on l'a dit. Gourret était à l'exercice lorsqu'on lui apprit cette élévation de peine : furieux, il brisa son fusil contre le mur, disant : « Je suis las de souffrir et las de me soumettre ! »

C'était, on le voit, un militaire modèle, aussi la *Ligue des Droits de l'Homme* s'empressa-t-elle d'intervenir auprès de M. Etienne en sa faveur :

« Il me paraît, écrivait M. de Pressensé, que même si certaines lectures sont prohibées à la caserne, la punition qui fut infligée au soldat Gourret n'était point proportionnée à la faute commise. Il serait en tout cas suprêmement injuste d'exposer ce jeune homme à encourir une condamnation très grave, qui pèsera lourdement sur son existence, pour un simple mouvement d'humeur.

« Je vous prie, Monsieur le Ministre et cher collègue, de bien vouloir prescrire sur ces faits une enquête très sérieuse et, comme chef suprême de la justice militaire, d'intervenir pour empêcher que cet homme ne devienne victime des passions politiques déchaînées. »

L'esprit dont est imbue la Ligue est tout entier dans la dernière phrase de son président : lire, quand on est en activité de service, l'*Anarchiste* dans sa chambrée, briser ensuite son fusil parce qu'on est puni pour ce manquement grave à la discipline, c'est **devenir la victime des passions politiques déchaînées !**

Ajoutons que M. Etienne a eu assez d'énergie pour laisser la justice suivre son cours et, le 16 septembre dernier, l'intéressant protégé de la *Ligue des Droits de l'homme* comparut devant le Conseil de guerre.

A l'audience, Gourret a eu une attitude plutôt piteuse. Il ne fit plus parade de ses sentiments anarchistes et antimilitaristes : « J'ai agi, dit-il, sous l'empire de la colère. L'annonce de la punition exagérée qui m'était infligée m'a mis hors de moi. »

Gourret a été condamné à un an de prison.

Les interventions de la Ligue dans des cas similaires

ne sont pas rares et elles ont eu pour résultat de soustraire fréquemment à des châtiments mérités de très mauvais sujets ; on voit d'ici l'exemple pernicieux produit sur les troupes.

Pour en terminer avec cette Ligue, ajoutons qu'elle a flétri à l'unanimité la condamnation prononcée par le jury de la Seine, en décembre dernier, contre Hervé et autres « sans-patrie », c'est tout dire.

La Ligue française de l'Enseignement

Cette Ligue a également une part de responsabilité morale dans la dégénérescence de l'esprit militaire en France.

On sait qu'au Congrès d'Amiens (30 septembre 1904), elle a supprimé la belle devise : « Pour la patrie, par le livre, par l'épée » que Jean Macé, son fondateur, lui avait donnée ; voici la piteuse raison qu'a donnée de cette suppression M. Ferdinand Buisson, qui présidait le Congrès :

C'était la déclaration que nous ne voulions pas, nous Français écrasés, nous qui, à l'heure même où il (Jean Macé) l'écrivait (la devise), avions les Prussiens chez nous, nous qui avions l'indemnité de guerre à payer, que nous ne voulions pas nous déclarer vaincus, désarmés et résignés à périr ; c'est à ce moment qu'il a écrit cette parole, que nous considérions fort belle et fort grande *au moment où elle a été écrite,* et pour l'objet qu'il avait en vue.

Mais cela appartient à l'histoire, c'est un passé que nous ne renions pas.

... Faut-il continuer à reproduire cette vignette et cette devise ? *Sommes-nous liés par ce passé* que nous honorons et respectons ? Sommes-nous tenus de le respecter passivement et indéfiniment ? Non, absolument pas, et il y a des raisons, qui résultent de l'*état de choses nouveau,* pour qu'aujourd'hui nous affirmions l'*état nouveau* de la France...

... Nous ne pouvions pas *éterniser et le geste et le mot* qui correspondaient à la situation de 1872.

Avons-nous besoin de dire que tous les journaux internationalistes accueillirent cette suppression avec une joie débordante, et qu'ils l'ont considérée comme une victoire éclatante que venaient de remporter les adversaires acharnés de l'école patriote ? Au surplus, cette phrase de M. F. Buisson : *Sommes-nous liés par ce passé ?* est une énormité ; oui, nous sommes liés par le passé, et c'est justement sur ce lien indissoluble que M. Léon Bourgeois a bâti son école du *Solidarisme.*

La Franc-Maçonnerie

Si la *Ligue de l'Enseignement* a donné, par la suppression de sa devise, des gages à l'internationalisme et à ceux qui rêvent de l'anéantissement du patriotisme en France, c'est qu'elle est animée — nous allions écrire infectée, — de l'esprit maçonnique. A ceux qui voient les Cercles de la Ligue existants presque tous présidés par des membres des Loges, nous n'apprendrons rien de nouveau, nous leur rappellerons cependant, pour faire la lumière complète sur ce point, les propos du F∴ Adrien Durand au Convent de 1898 :

La *Ligue de l'Enseignement,* disait-il, est une association extrêmement forte. J'ajoute — car ce que nous disons ne sort pas de cette enceinte — j'ajoute que c'est une association maçonnique. Elle a eu longtemps pour président notre F∴ Bourgeois, qui n'en a quitté la présidence que depuis qu'il est ministre de l'Instruction publique.

Elle compte dans son Comité, dans le Conseil général, les FF∴ les plus dévoués : **l'esprit maçonnique y est toujours présent.**

La F.·.-Maçonnerie compte de nombreux affiliés parmi les professeurs,— notamment le F.·. Hervé,— et parmi les instituteurs, et elle a la haute main sur presque toutes les organisations scolaires ; or, nous avons vu quels progrès effrayants y avait faits l'hervéisme !

Ah ! sans doute, la Franc-Maçonnerie invoquera le chapitre de ses statuts organiques où sont exposés en fort bons termes, que nous ne désavouerions pas pour notre part, les devoirs envers la Patrie, et, quand il en est besoin, les Vénérables des Loges nous rappellent cette obligation qui leur est faite d'être patriotes. Mais il en est des devoirs envers la Patrie comme des devoirs envers Dieu; ce sont pour les FF.·., dogmes aujourd'hui surannés. On en conserve sans doute dans les Ateliers la lettre, mais on sait ce qu'ils ont fait de l'esprit, et quand, au courant de septembre 1905, on entend le F.·. Laferre dire au nom du Conseil de l'Ordre :

La Patrie est un fait social, une réalité vivante, un être organisé, une personne morale qui synthétise les traditions du passé, les joies et les labeurs communs, l'ensemble des conquêtes politiques, économiques et sociales, lentement amassé par nos aînés comme un héritage pour les générations à venir.

Nous ne voulons laisser ni contester, ni compromettre cet héritage. Le patriotisme n'est l'apanage d'aucun parti, c'est le devoir étroit de tous. On peut aimer sa patrie pour des motifs différents, mais il n'y a pas de degrés dans le dévouement qu'on lui doit. Il n'y a pas de patriotes « plus » et pas de patriotes « moins ». L'obligation de la défense nationale ne peut être mise en question. Le refus de prendre les armes contre l'invasion, la provocation à la désobéissance aux lois militaires, la grève de l'armée active et des réserves, préconisées comme une réponse à la patrie en danger, sont incompatibles avec le devoir civique, etc., etc.

On serait tenté d'applaudir et de verser une larme d'attendrissement sur cette grande calomniée qu'est la

Franc-Maçonnerie, si on ne savait qu'au Convent de 1899 (v. p. 368) le F.·. Desmons, sénateur et 33e, et président du Conseil de l'Ordre, avait déclaré qu'il fallait que la République fût antimilitariste, et si la délation maçonnique n'avait été un des ferments les plus actifs de l'abaissement de la discipline dans l'Armée, en présentant toute une catégorie d'officiers comme des ennemis du régime républicain, comme des incapables et, par conséquent, comme des chefs ne méritant pas le respect de leurs inférieurs.

Voilà quelle est la part de la Maçonnerie dans la crise d'antimilitarisme que nous subissons ; cette part est grande déjà et lourde sa responsabilité, mais l'une et l'autre ne feront que s'accroître au fur et à mesure que l'élément socialiste, qui déjà s'est installé dans les Loges, ou essaie d'en forcer l'entrée, aura apporté avec lui ses théories antipatriotiques parce qu'internationalistes.

CHAPITRE VI

COUP D'ŒIL A L'ÉTRANGER

Nous voici arrivé au terme de notre étude. Nous avons recherché où l'antimilitarisme avait pris naissance, et nous avons trouvé qu'il avait pour générateur le pacifisme scientifique, professé par les Frédéric Passy, les d'Estournelles de Constant, les Arnaud et autres rêveurs humanitaires, économistes et philosophes.

Nous avons établi que le socialisme avait repris ces théories pour son compte, en les basant sur une prétendue ère de fraternité universelle qui ferait suite à la disparition des frontières. Combien se fera attendre cette ère bienheureuse où l'homme cessera d'être *homo homini lupus ?* L'Histoire est là pour nous répondre : depuis cinquante ans seulement, n'avons-nous pas eu douze grandes guerres, guerres de Crimée, d'Italie, du Mexique, de Chine; guerres : austro-allemande et franco-allemande; guerres russo-turque et turco-grecque; guerres sino-japonaise, anglo-boer, hispano-américaine et russo-japonaise ?

Plus récemment n'avons-nous pas vu se tendre à se briser les relations entre la France et l'Angleterre d'une part, et l'Allemagne avec la Triplice, d'autre part? A l'heure où nous écrivons, ne voyons-nous pas croître l'antipathie entre l'Autriche et l'Italie, au point que déjà la question se pose de savoir vers laquelle de ses deux alliées s'inclinera l'Allemagne ?

L'état anarchique de la Russie, la mort prochaine du vieil empereur d'Autriche, qui amènera probablement le démembrement de son empire hétérogène et jettera l'une contre l'autre la Hongrie et l'Autriche, ne sont-ils pas des promesses d'un avenir sanglant qui sera demain, peut-être ?

De quelque côté que nous jetions les yeux sur la carte du monde, nous voyons l'Europe divisée, prête à s'étreindre, pendant que, là-bas, en Asie, est née une puissance militaire formidable, le Japon, qui, déjà, inonde de ses agents civils et militaires le Siam et toute la presqu'île indo-chinoise.

En 1900, écrivait récemment M. Georges Goyau, dans la *Revue des Deux Mondes*, M. Wedersse, visitant le Japon, voyait un instituteur marquer en noir, sur la carte de la Chine, la presqu'île de Liao-Toung, et un autre habituer les enfants à marcher nu-pieds dans la neige, afin qu'ils fussent tout dispos lorsqu'il s'agirait de fouler le sol sibérien ; ces deux instituteurs étaient deux précurseurs : ils jalonnaient les routes prochaines des flottes et des armées japonaises.

Ce n'est pas tout : la Chine, avec ses 400 millions d'habitants, se réveille ; on y parle de Constitution, de centralisation. Les mandarins militaires, jadis le rebut de cette nation pacifiste par excellence, y passent au premier plan ; de jeunes Chinois vont apprendre la stratégie et la tactique terrestres et navales dans les écoles japonaises ; avant un demi-siècle la Chine aura expulsé les nations européennes au cri devenu populaire « la Chine aux Chinois ! » déjà elle interdit l'importation de l'opium, et l'Angleterre qui, pour pouvoir introduire cette denrée que fabrique son Inde, avait en 1840, déclaré la guerre et pris Pékin, n'a rien osé dire. La Chine ne s'en tient pas là, par le boycottage des produits américains, elle a amené les Etats-Unis eux-mêmes à composition et les obligés à recevoir ses nationaux d'une façon moins inhospitalière. Et puisque nous parlons de l'Amérique, avons-nous besoin de rappeler l'impérialisme ardent qui s'est emparé des Américains du Nord et ces lignes, de la *Vie Intense*, de leur président, M. Roosevelt :

« La nation qui s'organise une existence aisée et prend la guerre en horreur pourrit sur place. Elle est destinée à s'abaisser, à devenir l'esclave d'autres nations qui n'ont pas perdu l es qualités viriles. »

Ces jours derniers, à Washingthon, M. Bonaparte, ministre de la Marine, parlant au banquet des vétérans de la guerre espagnole, a affirmé que l'état perpétuel de préparation était encore le meilleur moyen d'amener la paix.

« Rappelez vous, a-t-il dit, quand vous voyez d'énormes steamers se donner rendez-vous à New-York de toutes les parties du monde, que ces monstres peuvent un jour être transformés en transports par les nations auxquelles ils appartiennent et peuvent jeter sur nos côtes, en quinze jours, des brigades entières de soldats. »

Admettons que, dans un temps donné, les États européens se ligu ent et fassent en plus grand ce qu'ils ont fait en plus petit lors de l'attaque des Légations, oublient les différends qui les divisent et fassent bloc contre la race jaune : cela ne nous présage-t-il pas la guerre, et toujours la guerre ?

Les socialistes disent qu'ils supprimeront la guerre par une entente entre les prolétaires de toutes les nations. de fait, ils se livrent à une active propagande antimilitariste, mais partout, sauf en France, on oppose énergiquement l'action des lois à leurs menées subversives.

En Italie, on surveille de près ces agissements : on y voit M. Achille Loria, l'illustre économiste de l'Université de Turin, questionné par le socialiste *Avanti* — M. Loria est socialiste lui-même — au sujet des dépenses militaires, répondre, le 26 septembre dernier, à ce journal :

Je pense que s'il y avait un Italien qui s'oppose en ce moment aux dépenses militaires ainsi qu'aux fortifications sur la frontière autrichienne, cet Italien mériterait d'être décapité.

Au Congrès socialiste qui s'est tenu à Rome, la motion en faveur de l'antimilitarisme soutenue par les syndicalistes, MM. Paolo Orano et Labriola, a été repoussée. M. Anjiolo Sylvio Novaro, socialiste de marque, écrivit même à l'*Avanti* du 7 octobre : « La propagande des idées de Hervé, actuellement en Italie, ne ferait qu'aggraver le risque déjà grave de notre défaite militaire à brève échéance, avec victoire de l'Autriche ou de quelque autre État, politiquement moins avancé que l'Italie, mais militairement mieux organisé. » Le professeur Cicotti a soutenu une thèse analogue.

La Suisse, cette petite république qui fut de tout temps pour les proscrits une terre d'asile, expulse ou emprisonne sans merci les propagandistes de l'indiscipline, et on n'a qu'à lire la remarquable étude que le général Langlois vient de publier dans le *Temps* sur les dernières manœuvres de l'armée suisse pour constater avec quel patriotisme serein tout le monde là-bas, depuis le plus petit jusqu'au plus riche, remplit son devoir militaire quelque préjudice que celà puisse causer à ses affaires.

A entendre les organes internationalistes, c'est surtout d'Allemagne que les socialistes tendraient, en cas de conflit, la main à leurs frères de France.

Cruelle erreur !

On n'est pas antimilitaristes dans les écoles allemandes

D'abord, là-bas, l'antimilitarisme, qui infecte les écoles françaises, n'existe pas chez l'instituteur allemand, qui est toujours le digne continuateur de celui qui a préparé la revanche d'Iéna, qu'on fête toujours, cette année encore, avec éclat en Allemagne. A Metz — en terre qui fut française — l'instituteur allemand ne commence sa classe qu'après avoir écrit sur le tableau noir ces trois mots : *Deutschland über alles* (l'Allemagne au-dessus de tout !)

Comparons à nos « Congrès d'Amicales » les conférences des instituteurs allemands.

« L'école, déclarait, en 1881, la conférence d'instituteurs réunie à Zerbst, doit donner aux élèves une éducation patriotique ; *l'enseignement de l'histoire y est toujours propre.* Il faut que l'enfant apprenne par l'histoire comment son pays a accompli ses plus grands desseins, sous la direction de la divine Providence et par les vertus de ses ancêtres. — L'école primaire, reprenait en 1882 un inspecteur scolaire d'Angerburg, atteindra son but : l'éducation nationale des élèves, par l'enseignement de l'histoire, par les fêtes scolaires, par la personnalité du maître... »

Ce que feraient en cas de guerre les socialistes allemands

Veut-on savoir quel fond il faut que nos socialistes français fassent sur quelques vagues articles de journaux allemands du parti ou sur les assurances non moins vagues de personnalités sans mandat ? Les citations suivantes et parfaitement authentiques de chefs de la sozial-démocratie allemande vont les fixer cet égard.

C'est d'abord Auer qui, le 8 octobre 1890, dit en plein Reichstag :

Nous avons déclaré déjà bien souvent, et, pour moi, je renouvelle cette déclaration, que nous sommes prêts à remplir envers la patrie exactement les mêmes devoirs que tous les citoyens... Je sais qu'il n'y a personne parmi nous qui pense différemment à ce sujet.

C'est feu Liebknecht qui, au Congrès de Halle, le 15 octobre 1890, faisait la déclaration suivante :

Personne, aussi enthousiaste qu'il soit pour les idées internationalistes, ne dira que nous n'avons pas de devoirs nationaux.

Ce même Liebknecht s'exprimait ainsi le 16 mai 1891 au Reichstag :

Il a été dit... que le Reichstag allemand ne travaille pas avec autant d'ardeur à la défense de la patrie que le Parlement français.

Eh bien, moi je déclare que, quand il s'agit de la défense de la patrie, tous les partis sont unis; que s'il s'agit de se défendre contre un ennemi étranger, aucun parti ne restera en arrière.

On objectera que le fils de Liebknecht est hervéiste : cela ne prouve qu'une chose c'est que parfois les fils dégénèrent !

Enfin, Bebel, en personne, a eu un mot bien typique :

C'était à la séance du 7 mars 1904. On s'entretenait du cas d'un officier allemand, le prince Prosper d'Arenberg. Le général von Einem, ministre de la Guerre, après avoir blâmé les actes de cet officier, tenta par une habile digression de confondre les socialistes allemands avec les internationalistes.

« En cas de guerre, répondit Bébel, **les socialistes combattraient jusqu'à leur dernier souffle pour la patrie.** »

Et comme le ministre de la Guerre répondait : « Comment puis-je vous croire ? Vous parlez d'organiser des grèves si la guerre éclatait ! » une tempête de protestations s'éleva parmi les socialistes :

« *Jamais,* s'écrièrent-il, *nous n'avons dit cela.* **Vous nous confondez avec les socialistes français !** »

Et puisque nous parlons de Bebel, qu'il nous soit permis de marquer le dernier coup qu'il vient de porter aux espérances des socialistes français par cette déclaration qu'il a faite au Congrès de Mannheim. « **Il ne faut pas s'imaginer,** a-t-il dit, **que nous ferions la grève générale si la guerre était déclarée.** »

Dans le *Travailleur de l'Yonne*, Hervé, touché au vif, s'est consolé par cette pointe lancée au chef de la sozial-démocratie :

> Bebel nous abandonne, Bebel est vieux, Bebel est fatigué. Mais il y a dans le parti socialiste allemand une minorité de jeunes qui sont antimilitaristes comme moi-même. Ne nous décourageons pas; au contraire, redoublons d'efforts. Liebknecht et moi nous suffirons à la tâche de contenir le patriotisme allemand ou français.

Liebknecht fils est loin d'avoir l'autorité dont jouissait son père, et l'attitude de l'immense majorité des socialistes allemands au Congrès de Mannheim n'est pas faite pour encourager les espérances de nos antipatriotes. Au surplus, en voici une autre preuve :

C'était à la séance du 10 octobre, au congrès d'Amiens. Le citoyen Griffuelhes exposait que le Comité confédéral ayant décidé, à l'occasion de la dernière Conférence internationale qui se tint à Amsterdam, de demander que les trois questions de l'antimilitarisme, de la grève générale et de la journée de huit heures fussent portées à l'ordre du jour, le camarade Legien, secrétaire du Bureau international et en même temps secrétaire de la Confédération allemande, avait répondu que de telles questions ne pouvaient être acceptées parce que sortant du cadre de la discussion. Sur quoi, après échange d'une assez volumineuse correspondance entre le dit Legien et le Comité confédéral, le citoyen Pouget, qui devait représenter à Amsterdam la Confédération, avait reçu l'ordre du Comité confédéral de ne pas se rendre à la Conférence.

Cette déception qu'infligèrent les « camarades » allemands aux antimilitaristes de la C. G. T. n'est pas la seule, car, à la même séance du Congrès d'Amiens, toujours en veine de confidences, le citoyen Griffuelhes parla aussi du voyage qu'il fit au mois de janvier à Berlin, pour traiter avec la commission des Syndicats de la manifestation que pourraient faire simultanément contre la guerre, — c'était au temps de la Conférence d'Algésiras, — les ouvriers allemands et français ; et il ne dissimula pas qu'il fut éconduit, ou peu s'en faut car la Commission des Syndicats se débarrassa de lui en l'adressant au parti socialiste, et son aventure se termina en définitive par une anodine promenade dans les couloirs du Reichstag, sous la conduite de quelques députés, visiblement effarés par sa proposition et qui s'en tirèrent par des faux-fuyants.

Triste équipée, ainsi qu'on le voit, et qui ne mit pas en gaîté le Congrès. (1)

A propos du désarmement

On nous dit les peuplent désarment.

Le bon billet ! L'initiative viendrait, dit-on, de l'Angleterre, et on fondait, il y a quelques semaines, beaucoup

(1) *Les Débats* du 11 octobre 1906.

d'espérances sur M. Haldane, le ministre de la Guerre du cabinet libéral qui vient d'arriver au pouvoir. Or, sait-on quelle a été à New-Castle, au commencement du mois dernier, son attitude ? Nous trouvons les détails qui suivent dans une lettre de Londres au *Sémaphore* de Marseille :

Il a déclaré que « la seule sauvegarde des intérêts publics est une nation armée ». Il a expliqué qu'il est l'ennemi du militarisme, mais qu'il est partisan d'un système grâce auquel chacun serait soumis à l'obligation de contribuer à la défense nationale, et qu'il convient d'enseigner aux jeunes gens le maniement des armes. Il espère par ce moyen, pouvoir réunir, le cas échéant, une armée de sept, huit ou neuf cent mille hommes.

M. Haldane n'est pas entré dans les détails et il ne le pouvait pas. Mais il a été assez clair. Son but est de provoquer un enthousiasme national, comme il dit, et de faire comprendre aux Anglais l'importance de faire de chaque citoyen un membre de la réserve militaire nationale.

Que l'on arrive à ce résultat par une conscription déguisée ou par l'école, en faisant entrer dans le programme scolaire l'instruction militaire, peu importe. Ce qui est intéressant, c'est de voir un ministre libéral, au moment où l'on parle tant de désarmement, recommander aux Anglais le régime de la nation armée. Il est vrai que M. Haldane revient d'Allemagne, où il a assisté aux manœuvres de l'armée allemande.

Ainsi donc, de quelque côté qu'on se tourne, on voit que la grande, que l'unique préoccupation des peuples, qu'ils soient blancs, qu'ils soient jaunes, qu'ils se réclament d'une antique civilisation ou naissent, comme le Japon et la Chine, à une civilisation nouvelle, c'est la préparation à la guerre afin de conserver intacte l'intégrité de leurs frontières ou pour s'attribuer une part substantielle dans la curée mondiale.

Que conclure de tout cela, si ce n'est que l'antimilitarisme est un crime de lèse-patrie et qu'il faut à tout prix le réprimer ? Encore convient-il d'en démontrer l'horreur, c'est ce que nous avons essayé de faire.

H. TRIDON.

FIN

Tunis, 20 octobre 1906.

Le GRAND HOTEL
Avenue de France
TUNIS
Ascenseur
En plein midi
Lift
Entièrement remis à neuf
RECOMMANDÉ
pour sa grande propreté
CUISINE et CAVE
renommées